D1731936

Provence
De la Mer

Imprimé par : imprimerie Julien Girold, Gresswiller
Dépôt légal : octobre 1997
ISBN : n° 2-912548-02-0

Provence
De la Mer

Florence Morisot, Hervé Guillaume

Le lou du lac
ÉDITEURS

Ports de pêche

Dans la lumière du soir, en marge du port de plaisance de Cannes, quelques pêcheurs s'activent autour de leurs filets. La nuit tombée, ils partiront en mer pour pratiquer la traditionnelle pêche au "Lamparo". Les bateaux, équipés de feux, attireront les bancs de poissons qui seront ensuite capturés à l'aide d'un "filet tournant".
La présence de ces hommes en ciré jaune nous rassure sur le maintien d'une activité dans les ports de la Côte d'Azur et sur l'origine des sardines et des anchois achetés ce matin au marché.

A Nice, Marseille ou Cassis, les "pointus" se reflètent sur la surface des eaux sombres du port. Ces couleurs vives nous rappellent une peinture de Nicolas de Staël.

GROUPE DES PECHEURS
Fondé en 1926
PROVENCAUX & PLAISANCIERS

Quel réel plaisir de pouvoir acheter son poisson directement sur les quais auprès de ceux qui l'ont pêché quelques heures auparavant. Saint-pierre, grondins, rascasses, congres et rougets nous permettront de préparer la traditionnelle bouillabaisse.

Les Pêcheurs Vendent
LEURS POISSONS
Le matin de 9H a 12H15
AV. DE LA REPUBLIQUE / FACE MAISON ROBERT / *à Antibes*

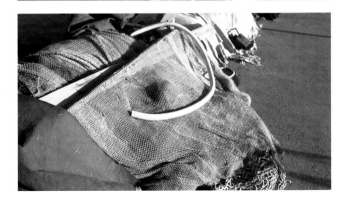

Les plages du Cap d'Antibes sont rythmées par les couleurs des parasols et des matelas. Au petit matin, la plage ratissée et la mer plate se confondent en une seule et même surface lisse. Ailleurs, les plages peuvent devenir criques. Secrètes, elles ont su prendre leurs distances, et vous faire mériter la fraîcheur de leurs eaux. Le long de ces sentiers aux parfums de résine chauffée, la mer semble jouer à l'arlésienne au travers du maquis. Elle vous nargue, ne laissant découvrir son rivage qu'aux derniers instants.

De Marseille à Menton, l'architecture du front de mer évoque un passé prestigieux qui reste encore aujourd'hui synonyme de luxe. Hôtels ou villas semblent scruter l'horizon de la grande bleue dans leur écrin de pins, d'orangers et de citronniers. Ces bâtisses ont fait la réputation de la légendaire "Riviera" du début du siècle. Nostalgique, on imagine de riches mécènes accueillant des peintres, des sculpteurs, des poètes, qui ont inventé, ici, les nouvelles formes de l'art contemporain.

*Dans les petits ports de la côte, quelques anciens voiliers
exposent fièrement leur "boiserie". Les ponts en teck ont été
gorgés d'huile, les amarres semblent fraîchement
sorties de la corderie royale, l'accastillage rutile au soleil.
Rendez-vous est pris pour le mois d'octobre dans le golfe de
Saint-Tropez pour la célèbre Nioulargue où des voiliers,
parmi les plus beaux, vont rivaliser d'élégance tout en ayant
pour objectif de démontrer leur qualité de régatier.*

Vert,
bleu,
jaune, rouge,
les plages se
"minestroni-
sent" pendant
l'été pour le plaisir
des enfants qui exposent fièrement leurs
équipements. "Chichis, chichis", les ap-
pels des vendeurs ambulants rythment
l'après-midi de farniente sur la plage.

les calanques

Marquées par le mistral et le soleil, les calanques offrent un paysage féerique et totalement hors du temps. Même la garrigue ne pousse ici que par taches éparses. "Aller aux calanques" est un plaisir que les Marseillais aiment faire découvrir à leurs amis de passage. La balade peut se faire en bateau ; si vous préférez la marche à pied, munissez-vous de bonnes chaussures, d'une casquette et surtout d'une gourde pour vous rafraîchir en chemin. Attention, le GR complet fait 28 km et nécessite onze heures de marche.

La Camargue

Coincée entre le Petit et le Grand Rhône, la Camargue offre un paysage de delta où l'eau et la terre se confondent. Ici, la faune et la flore ont conservé une virginité originelle. L'agressivité des moustiques rappelle que l'Homme n'est pas le bienvenu dans cet univers. Pourtant ce petit monde à part est habité et célébré d'Arles aux Saintes-Maries-de-la-Mer. Quelques mas chaulés rappellent la présence de grands propriétaires ou celle des fameux gardians que l'on imagine chevauchant à travers les marais, provoquant un envol de flamants roses.

Pendant la journée, le ciel et l'eau se confondent variant dans une gamme infinie de bleus. Au couchant, la dernière note orangée du jour mourant se transforme en brasier où alternent des rouges, des cuivres et des vermillons, brûlant ces cieux si chers à Van Gogh.

Héros de cinéma, enfants du vent et de la mer, les chevaux de Camargue rêvent d'entrer dans l'arène, fièrement montés par un gardian. Les crinières et les longues queues ondulent avec panache. Les robes reluisent après l'effort de la cavalcade.

Les nasaux frémissants, l'œil fixe et tendu vers l'horizon, le taureau reste le héros de chaque manadier. De la ferrade, à l'abrivado et à la course à la cocarde, le gardian et le taureau s'unissent dans une même frénésie de jeux et de forces.

Seuls reliefs de la région, les camelles de sel créent une géométrie digne des bords du Nil. Après séchage, ces monticules constituent les réserves d'où sera extrait le sel, selon les besoins.

Les rizières dessinent, au fil des canaux d'irrigation appelés roubines, un quadrillage, dont la régularité s'oppose à l'aspect sauvage des sansouires ou des roselières.

Remerciements des auteurs

*Nous remercions toutes les personnes qui ont participé
à la réalisation de ce livre :
Annie de la poissonnerie "Laurent" sur le port de Cassis et tous
ses amis marins pêcheurs.
François Diot pour ses magnifiques poissons.
Laura Morisot pour ses jouets de plage multicolores.*

*Laétitia, Sylvie et Brigitte pour le temps
qu'elles ont bien voulu nous consacrer.*

*Le lou du lac Éditeurs
5, passage Delessert 75010 Paris
tél : 01 46 07 51 92
fax : 01 42 05 38 95*